JEAN-FRANÇOIS BRIANCHON

JEAN-FRANÇOIS
BRIANCHON

Né à Nesle-en-Bray le 22 Juin 1815

Décédé à Gruchet-le-Valasse le 15 Mars 1886

Inhumé à Nesle-Hodeng le 19 Mars 1886

BOLBEC
IMPRIMERIE J. COURTIER
25, rue Thiers

1886

MORT

DE

M. BRIANCHON

S'il est un homme qui ait conquis l'estime et l'affection générales par la dignité de sa vie privée, c'est assurément l'honorable M. Brianchon dont la mort a produit, lundi matin, la plus douloureuse impression à Gruchet, à Bolbec, à Lillebonne, à Rouen et au Havre.

M. Brianchon qui vient d'être enlevé par une courte, mais implacable maladie, était avant tout un homme de devoir dans toute l'acception du mot. Il était doué d'une intelligence fine, d'un jugement sain et droit, ses conseils étaient prudents et toujours désintéressés. C'était un esprit conciliant, d'une loyauté proverbiale et ses relations étaient absolument sûres.

C'était aussi un érudit, un travailleur infatigable, un chercheur persévérant aux connaissances approfondies et un archéologue des plus distingués, dont les savantes publications dans la Revue de Normandie et dans les précis des nombreuses sociétés dont il faisait partie, ont été fort appréciées et fort goûtées.

M. Brianchon avait été l'un des collaborateurs les plus actifs et les plus autorisés de M. l'abbé Cochet et il avait publié plusieurs œuvres d'érudition.

M. Brianchon était né aux portes de Neufchâtel, dans la commune de Nesle-Hodeng, le 22 juin 1815.

Ce regrettable et regretté homme de bien était donc âgé de 71 ans.

Depuis près de cinquante ans, il habitait le château de M. Ch. Vasse dont il avait été le précepteur et dont il était resté l'ami dévoué.

Les obsèques de M. Brianchon auront lieu aujourd'hui jeudi, en l'église de Gruchet, à neuf heures et demie. Mais suivant le désir qu'il en a exprimé, sa dépouille mortelle sera transférée à Nesle-Hodeng, pour être inhumée à côté de ses parents, depuis longtemps décédés.

M. Brianchon était, comme nous l'avons dit, membre de plusieurs sociétés savantes et notamment membre correspondant de l'académie des sciences, belles-lettres et arts de Rouen, et de la Société havraise d'Etudes diverses.

M. Brianchon avait été membre du Conseil municipal de Gruchet et longtemps président de la Société de secours mutuels de Saint-Thomas-de-Cantorbéry, dont il était resté président honoraire.

Disons en terminant que ce digne vieillard dont nous déplorons la perte, s'était toujours fait remarquer par son esprit de suite et d'ordre.

Il avait eu le soin de dresser lui-même le modèle de la lettre d'avis de son décès et il avait exprimé la volonté expresse qu'il ne fût pas envoyé de lettres d'invitation à ses obsèques.

Nous sommes chargés d'en informer le public et les nombreux amis que M. Brianchon avait su se créer dans le monde savant.

C'est un homme de bien qui malheureusement n'est plus !

(Extrait du *Journal de Bolbec*, du 18 mars 1886).

OBSÈQUES

DE

M. BRIANCHON

Les obsèques de M. Brianchon ont eu lieu jeudi, à neuf heures et demie, en l'église de Gruchet.

Bien que, sur la volonté formellement exprimée par le regretté défunt, aucune lettre d'invitation à ses funérailles n'ait été adressée, l'église s'est trouvée trop petite pour contenir la foule d'amis qui avaient tenus à rendre les derniers devoirs à cet homme de bien.

Nous avons remarqué dans l'assistance venue

de Rouen, du Havre, et même de Paris, M. R. Laboulaye, chef du cabinet du ministre des postes et des télégraphes; M. de Beaurepaire, archiviste de la Seine-Inférieure, membre de l'Académie des belles-lettres, sciences et arts de Rouen; M. G. Gouellain, représentant, avec M. l'abbé Sommesnil, la Commission départementale des Antiquités, dont M. Brianchon était membre et secrétaire-adjoint; M. Pimont, représentant la Société d'Emulation du commerce et de l'industrie de Rouen; M. Letellier, représentant la Société Havraise d'Etudes diverses; M. Dumont, représentant l'Association normande; M. L. Braquehais, sous-bibliothécaire du Havre, délégué de la Société française d'archéologie; M. Ch. Vasse et sa famille; M. de Warenghien, son beau-frère; M. le baron Piérard, maire de Gruchet et M. Rocher, son adjoint; le docteur Paul Levasseur, membre de l'Académie de Rouen, exécuteur testamentaire de M. Brianchon; le Conseil municipal de Gruchet; M. du Douët, ancien député; Madame du Douët; MM. Henri et Louis Desgenétais, manufacturiers, ainsi que Madame Auguste Desgenétais; Madame la baronne Piérard; Madame Henri Desgenétais; MM. Capelle père et fils;

M. Gaston Fauquet, maire de Saint-Jean-de-Folleville; MM. les docteurs Hélot et G. Auger, de Bolbec.

Mais arrêtons cette énumération, nos colonnes ne suffiraient pas, s'il nous fallait citer les noms de toutes les notables personnes appartenant à l'industrie, au commerce, à la littérature et aux beaux-arts, qui s'étaient empressées de venir donner à notre regretté ami un dernier témoignage de leur affection.

L'élite de la société de Bolbec, de Gruchet et de Lillebonne était là, faisant l'éloge de M. Brianchon qui, le fait est probablement unique, ne comptait pas un ennemi.

La société de secours mutuels de Saint-Thomas de Cantorbéry, dont M. Brianchon avait été longtemps le président, assistait au complet aux funérailles, ainsi qu'une députation de la compagnie de sapeurs-pompiers de Gruchet.

Ainsi que le défunt en avait exprimé le désir, il n'y avait aucune couronne, aucune fleur sur son cercueil. De simples branches de buis et un Christ en vieux chêne sculpté étaient seuls posés sur le drap mortuaire.

L'église de Gruchet était tendue de noir et les

draperies étaient constellées des initiales du défunt.

La messe a été dite par M. l'abbé Régnault, curé de Gruchet.

M. l'abbé Varin, curé-doyen de Bolbec ; M. l'abbé Héronval, curé-doyen de Lillebonne; M. l'abbé Andrieu, curé-doyen de Caudebec-en-Caux; M. l'abbé Gobert, curé de Petit-Quevilly, près Rouen; M. l'abbé Baudry, curé de Saint-Jean-de-la-Neuville; M. l'abbé Marchais de la Trommière, curé de Saint-Eustache-la-Forêt ; MM. les abbés Voiment et Allais, vicaires à Bolbec et à Caudebec-lès-Elbeuf, étaient là à prier pour le repos de l'âme du défunt.

L'orgue était tenu par M. Müller, organiste à Bolbec.

C'est M. l'abbé Andrieu, curé de Caudebec-en-Caux, qui a donné l'absoute.

Après la cérémonie religieuse, le corps de M. Brianchon a été porté à la gare de Gruchet qui avait été, à cette intention, décorée d'arbustes verts.

La foule des assistants s'est rangée en demi-cercle autour du cercueil et, au milieu du silence et du recueillement général, M. le baron Piérard, maire de Gruchet, et président de la Société mutuelle de Saint-Thomas-de-Cantorbéry, a pris le premier la parole et s'est exprimé en ces termes :

MESSIEURS,

Quelqu'indigne que soit ma voix pour adresser un dernier adieu à l'homme de bien qui vient de disparaître, il m'a été accordé d'être l'interprète de la commune de Gruchet et de la Société de secours mutuels de Saint-Thomas, pour exprimer en ce jour de deuil, le chagrin qu'éprouvent tous ceux qui ont su apprécier et aimer Jean-François Brianchon.

Je ferais injure à la mémoire de mon vénérable ami, si je venais rappeler ici les qualités essentielles de cette âme d'élite et les vertus si nobles de ce cœur plein de tendresses.

Tous ceux qui l'ont connu ; ceux qui surtout ont eu le bonheur de l'approcher dans sa vie intime, se souviennent trop bien ce qu'il était, pour que je me permette d'insister davantage.

Son dernier vœu a été de mourir comme il avait vécu : simple et modeste ; que sa volonté soit sacrée parmi nous.

Des voix plus autorisées, une parole plus élevée ont le soin de retracer ici le côté brillant et je dirai scientifique de cette intelligence hélas trop tôt éteinte.

Mon rôle est plus modeste :

Je ne parle pas de l'archéologue distingué, de l'homme de lettres érudit. Non.

C'est Brianchon au foyer de la famille qu'il avait faite sienne et au milieu de ses amis avec son dévouement de tous les instants ;

Brianchon dans l'activité de ses fonctions municipales où perçait son esprit juste et droit ;

Brianchon au sein de cette Société de secours mutuels, où il pouvait donner un libre cours aux inspirations de sa haute bienfaisance.

Cette œuvre, éminemment philantropique, avait besoin pour vivre, d'un concours dévoué et donné sans réserves. Elle l'a trouvé.

Par décret en date du 24 avril 1867, l'Empereur ayant approuvé les statuts de la Société de Saint-Thomas, confiait la présidence à l'homme que des voix unanimes avaient désigné comme le plus digne parmi les bienfaisants.

Brianchon accepta, et voyez, Messieurs, combien dès le début se fait jour le sentiment de profonde modestie qui était la base de son caractère.

Lors de son installation, comprenant le véritable côté de cette fonction nouvelle et négligeant de répondre aux éloges qu'on lui prodiguait, il s'adresse à ses collègues :

« Ce n'est pas un discours de cérémonie, dit-il, mais « quelques paroles du cœur et de circonstancé que je veux « vous dire, comme il convient au tuteur nouveau d'une « famille, qui paraît au milieu d'elle pour la première fois. »

Ce principe, il l'a toujours suivi, aussi emporte-t-il l'affection et les regrets de tous ceux qui ont collaboré avec lui.

Un dernier mot, Messieurs, pour remercier les membres de l'assemblée communale, de la Société de secours mutuels et les sapeurs-pompiers, d'être venus spontanément rendre un dernier hommage à celui qui les aimait tous.

Et maintenant, bon ami, pardonnez-moi de ne pouvoir faire plus pour vous en mémoire de l'affection si sincère qui nous unissait ; le souvenir de votre mort si belle et si fermement chrétienne, restera une consolation pour vos nombreux amis et j'oserai dire pour vos enfants.

Que la douleur de cette séparation momentannée soit adoucie pour eux par la certitude qu'ils ont de vous retrouver un jour.

M. de Beaurepaire, membre de l'académie de Rouen a ensuite prononcé le discours qu'on va lire :

MESSIEURS,

En prenant, à mon tour, la parole près de ce cercueil, je ne fais que me conformer au vœu qui m'a été exprimé par des collègues, dont les désirs sont des ordres pour moi. J'ai besoin de faire cet aveu, pour éviter le reproche qui pourrait m'être adressé de ne vous point laisser sous l'impression du discours que vous venez d'entendre, où sont parfaitement exprimés les sentiments que vous avez tous au fond du cœur.

Depuis de longues années, M. Brianchon habitait ce pays ; il y était très-connu et universellement estimé : il n'y a pas de meilleure preuve que la foule émue et recueillie qui nous entoure.

Dans son existence calme, simple, qui ne présente pas d'évènements saillants, l'amitié occupa une grande place et je ne sais rien qui honore davantage celui dont nous déplorons la perte, que la manière dont il a compris ce noble sentiment à l'égard des autres, et aussi la manière, dont par un juste retour, on l'a compris à son égard. Il y a près de moi des hommes que je pourrais appeler sur ce point en témoignage, si je ne devais respecter une douleur profonde qui réclame le silence. Qu'il me suffise de dire que, si M. Brianchon a été apprécié à sa valeur par des cœurs bons et généreux, s'il a excité de précieuses sympathies dont un autre que lui eût été tenté de tirer vanité, il s'en est montré constamment digne par une fidélité inébranlable dans ses affections, par un dévouement sans bornes, par une reconnaissance affectueuse et délicate, qui vaut autant que le bienfait.

Ce fut l'amitié qui lui inspira le goût de l'archéologie, science qui, pour un homme modeste et laborieux offre cet avantage qu'on peut s'y essayer, sans être accusé de présomption, et qui, d'ailleurs, entendue comme l'entendait notre collègue, augmente l'amour que nous devons à notre pays, en lui prêtant de nouveaux charmes. Disciple favori du savant abbé Cochet (on sait combien il lui fut attaché et quel culte il garda pour sa mémoire), il se mit à étudier avec passion les monuments de cette belle et riche contrée, à les décrire avec un soin scrupuleux, sans rien oublier de ce qui pouvait les recommander à la sollicitude d'une administration éclairée, soucieuse, à bon droit, de la conservation des richesses d'art de notre département.

Le manoir de Calletot, l'église de Saint-Jean-d'Abbetot, les restes de l'abbaye du Valasse, les précieuses antiquités de Lillebonne, pour nous en tenir à ce qui est tout près d'ici, n'ont point eu d'observateur plus patient, de gardien plus vigilant, d'historien plus exact et plus consciencieux.

Admis dans la Commission des Antiquités sur la présentation de M. l'abbé Cochet, le 12 janvier 1865, il en fut nommé secrétaire-adjoint par arrêté préfectoral du 22 octobre 1874.

Les procès-verbaux qu'il a rédigés en cette qualité, et qui forment une partie notable du bulletin de cette Commission, sans compter des mémoires originaux, aussi nombreux que variés, témoignent du zèle et de l'érudition de notre collègue.

Là encore, dans des réunions où règne toujours la cordialité la plus franche, nous le retrouvons avec son aimable caractère, exprimant ses opinions avec réserve, se défiant de son savoir, jugeant de celui des autres avec une bienveillance dont la sincérité ne fut jamais suspecte.

Assurément, on ne saurait trouver mauvais, l'émulation étant favorable au progrès, qu'une société savante ou littéraire soit envisagée, par la plupart, comme un moyen de se faire avantageusement connaître. Pour lui, c'était quelque chose de mieux : un réunion d'amis qu'il trouvait l'occasion d'obliger ; une sorte de famille dont il s'attachait à mettre en relief les titres d'honneur, sans acception de personne, sans vue d'intérêt personnel, avec une ardeur et une abnégation qui trouveront, sans aucun doute, peu d'imitateurs.

Aussi, dans les diverses sociétés auxquelles M. Brianchon appartenait, sa mort laissera-t-elle un grand vide. La place la plus brillante sera toujours remplie ; mais on est moins sûr de rencontrer toujours un homme qui s'oublie, et qui soit plus porté à faire valoir les autres qu'à se faire valoir lui-même.

Tel il se montra encore dans les relations ordinaires de la vie, par un principe plus élevé que celui de la confraternité littéraire, par un principe de charité chrétienne dont il acceptait, sans hésiter et comme naturellement, toutes les obligations.

Il fut bon envers tous, généreux, oserai-je le dire, jusqu'à l'imprudence, par suite de convictions religieuses qui ont fait la consolation de ses derniers moments et qu'il sut allier à une large tolérance et à l'indulgence la plus aimable.

Gardons précieusement, Messieurs, le souvenir de cet excellent homme. Cela nous sera profitable, et d'ailleurs nous le devons. Toujours il fut difficile de ne pas être en reste avec lui... Quoi que nous faisions, nous pouvons être assurés qu'il eut encore plus fait pour nous.

M. R. Laboulaye a adressé à son vieil et digne ami le touchant et éloquent adieu que voici :

Bienheureux les pacifiques, car ils seront appelés enfants de Dieu. — « Heureux les miséricordieux, parce qu'ils obtiendront miséricorde. » — Quelles consolantes pensées et comme elles viennent d'elles-mêmes à l'esprit devant le cercueil de notre ami si regretté ; comme elles sont faites pour nous inspirer une confiance entière, une ferme espérance dans les destinées éternelles de l'âme d'élite qui vient de nous quitter ! Ses attributs essentiels, en effet, ses qualités maîtresses n'étaient-elles pas la miséricorde, l'indulgence pour toutes les faiblesses, la pitié pour toutes les souffrances, la charité pour toutes les misères. « Le bon M. Brianchon » que de fois cette parole a retenti autour de moi, depuis plus de trente ans que je le connaissais intimement. Chacun le répétait, et à tous les degrés de l'échelle sociale, car à cet esprit vif et littéraire, à ces goûts d'érudition, à cette courtoisie raffinée qui plaisaient tant dans le monde, il joignait, plus que personne peut-être, cette sympathie active, incessante pour les humbles, pour les oubliés, pour les affligés, qui attire invinciblement sur ceux qui l'exercent les bénédictions d'en haut et la reconnaissance ici-bas.

Et si je n'élevais pas la voix pour proclamer cette bonté sans mesure, sans exception et sans réserve, qui faisait à notre ami comme une auréole, les pierres qui nous entourent le crieraient pour ainsi dire et lui rendraient par leur seule présence le plus éclatant hommage.

Oui, sans parler des vivants, dont nous voyons aujourd'hui le triste empressement et la douleur poignante, les morts qu'il a tant aimés, doivent, de l'autre côté du tombeau, lui faire un pieux cortège et se présenter à ses côtés au tribunal divin, comme ses témoins et ses avocats. Tous, si je me taisais, viendraient à leur tour rappeler mille traits d'une délicatesse infinie, d'un désintéressement qui n'est plus de notre âge, d'un oubli de soi-même poussé jusqu'à l'extrême limite, jusque dans ces replis profonds où se cachent souvent, même chez les meilleurs, un reste d'amour-propre et d'égoïsme.

Le chancelier Bacon disait que « tout homme en naissant devenait le débiteur de l'humanité. » M. Brianchon connaissait-il cette parole ? je l'ignore, mais certainement il la mettait en pratique et il semblait ne pouvoir se lasser de payer sa dette.

Ai-je besoin de rappeler ce qu'il a été comme appui et comme guide pour Mme Vasse, la mère, pendant plus de quarante ans, pour Mme Charles Vasse sitôt enlevée à l'affection de tous, pour M. Auguste Desgenétais, l'ami de sa jeunesse, dont la fortune a été si rapide et si éblouissante, sans qu'un trouble se soit jamais produit dans leurs relations, sans qu'un nuage se soit élevé entre les deux cœurs.

Dirai-je son inépuisable dévouement à M. Carpentier et à cette autre âme sainte et détachée, si bien faite pour le comprendre, qu'on appelait Mme Carpentier, pour leur fille Mme Geisler, pour Mme Collet, pour le savant abbé Cochet, son affection fraternelle pour l'abbé Motte, pour Dora Harrington, pour Emily White et pour tant d'autres que je ne puis énumérer ici, car je voudrais ne parler que des morts.

Mais il est une mémoire entre toutes que je tiens à associer à la sienne, parceque c'est une vie qui s'était mêlée à sa vie. C'est la mémoire vénérée de mon père dont M. Brianchon a été, pendant un quart de siècle, l'ami tendrement respectueux et le disciple enthousiaste. Que de fois je l'ai vu près de lui, s'éclairant, s'échauffant pour ainsi dire aux rayons de cette lumineuse intelligence, souffrant de tout ce qui était amertume, inquiet du plus léger désaccord, heureux de s'instruire et de comprendre, plus heureux d'applaudir et d'admirer.

Et ce culte que M. Brianchon avait pour mon père, il l'a conservé jusqu'à la fin, car pendant cette nuit terrible qui l'a emporté, on l'entendait murmurer encore d'une voix mourante le nom d'Edouard Laboulaye.

Enfin ce qu'il a été pour moi depuis mon enfance. Les paroles me manquent pour l'exprimer. C'était une union rare entre deux hommes d'âges si différents. C'était une ouverture complète, une sincérité absolue de toutes choses. Je n'ai point à étaler ni les secrets d'une affection qui a sa pudeur, mais je puis dire qu'avec M. Brianchon je vois disparaître tout un monde de souvenirs à jamais évanouis, je sens s'arrêter un cœur chaud et dévoué qui vibrait sans cesse à l'unisson du mien ; je perds, en le perdant, une des meilleures raisons d'aimer la vie et de la trouver douce.

Hélas ! c'est justement cette tendresse délicate qu'il inspirait et qu'il éprouvait en retour, qui l'a usé avant le temps et il semble que le poëte l'avait pris pour modèle, lorsqu'il se peignait dans ces beaux vers :

D'innombrables liens frêles et douloureux,
Dans l'univers entier, vont de mon âme aux choses.
Ma vie est suspendue à ces fragiles nœuds.
Et je suis le captif des mille êtres que j'aime,
Au moindre ébranlement qu'un souffle cause en eux,
Je sens un peu de moi, s'arracher de moi-même.

Ainsi, à chaque perte nouvelle, à chaque vide qui se faisait autour de lui, M. Brianchon se sentait atteint plus profondément, de moins en moins fort contre la souffrance.

Et comme la mort frappait à coups redoublés, cette

nature presque féminine (c'était à la fois, son charme et sa faiblesse) n'a pu résister à tant d'épreuves, une dernière goute a fait déborder le vase, et dans cette lutte suprême notre pauvre ami a succombé.

Adieu, mon bon Brianchon, adieu. C'est ici, que naguère, pâle, tremblant, les larmes aux yeux, vous veniez apporter un hommage mérité à l'homme de bien, à l'industriel éminent, foudroyé par la mort, qui tenait la veille une si grande place dans ce pays et vous nous sembliez, ce jour-là, une image vivante de la douleur et de l'amitié.

Puisse-t-on me rendre ainsi ce témoignage, quand je viens aujourd'hui dans ce Gruchet, assombri par tant de deuils en si peu d'années, tenir en parlant de vous le même langage.

Puissé-je être l'interprête fidèle de ces amis désolés qui se pressent de toutes parts, unis dans une même pensée, formant comme un seule famille, et qui répandent sur votre tombe des larmes sincères.

Adieu, et merci encore une fois au nom de tous ; merci pour le noble exemple de dévouement et d'abnégation, que vous avez donné sur cette terre ; merci pour tout le bien que vous avez fait, en secret, sous le regard de Dieu. Vous allez recevoir votre récompense.

Enfin, M. le docteur Levasseur a prononcé d'une voix émue les paroles suivantes :

Permettez-moi, Messieurs, au nom des amis de l'excellent et tant regretté M. Brianchon, de vous remercier d'être venus spontanément vous grouper autour de sa dépouille mortelle.

Le sentiment pieux qui vous a réunis est le plus éloquent hommage rendu à la mémoire de cet homme de bien.

Je ne vous ferai pas, à nouveau, son éloge. Il serait bien pâle d'ailleurs à côté de celui que ses éminents collègues dans les sciences et dans les lettres ont puisé dans leur cœur et traduit devant nous pour le parer de toutes les beautés de leur esprit.

Mais il est un éloge que je ne peux taire cependant; c'est celui qui se dégage de cette belle assistance et que que vous avez prononcé à votre insu.

Quand je vois réunis dans un même sentiment de douleur les familles qui l'avaient élevé au rang d'un des leurs et dont il était l'égal par l'intelligence; quand je contemple cette foule au milieu de laquelle il a vécu par le cœur, je ne peux me défendre d'une émotion bien consolante assurément en me disant : *Tout Brianchon est là* !

Distingué entre tous par l'esprit, il marchait du même pas, avec ces grands travailleurs de la pensée que vous venez d'entendre et qui jettent la lumière sur tout ce qui les entoure.

Grand par l'intelligence, il marchait l'égal des plus nobles.

Modeste parmi les plus simples, il vivait au milieu de vous. Vous l'avez vu à l'œuvre, vos joies étaient ses joies, vos douleurs, ses douleurs, votre vie, sa vie!

S'il était vraiment grand par l'intelligence et l'esprit, il était hors de pair par le cœur.

Oui *tout Brianchon est là;* c'est vous qui l'avez proclamé, je n'ai eu qu'à l'enregistrer pour la consolation de tous.

Si la vie de notre cher ami a été bien remplie, sa fin n'est pas moins édifiante.

L'activité intellectuelle qui le dévorait l'avait préparé aux accidents cérébraux qui l'ont emporté; mais l'intelligence qui ne lui avait jamais fait défaut, devait briller d'un plus vif éclat au dernier jour de sa vie.

Nous qui avons eu la douleur d'assister à ses derniers

moments, nous le voyons encore après s'être préparé à mourir en chrétien, joindre pieusement les mains, redresser son noble front pour redire ces belles paroles : « Mon Dieu, je remets mon âme entre vos mains. »

Il est parti le cher ami, plein de foi, en nous laissant à nous, l'espérance réconfortante de l'éternel revoir.

C'est en son nom, comme au nôtre, que je vous remercie, Messieurs les membres de nos grandes sociétés savantes de nous avoir mieux fait connaître encore l'homme distingué dont nous déplorons la perte.

Merci à vous, Monsieur le Maire qui avez été si parfait pour notre ami en traduisant si bien les sentiments de tous.

Merci aux nobles familles Vasse et Desgenétais si bonnes, si généreuses, si affectueuses pour le cher défunt.

Merci à vous, Messieurs les membres de la société de Saint-Thomas, qui avez tenu à honorer la mémoire de votre ancien Président, j'allais dire de votre père, car il vous aimait comme ses enfants.

Merci à vous, Messieurs les pompiers qui avez bien voulu vous joindre à nous en ce jour de deuil, vous souvenant que c'était un frère et un ami.

Merci à vous tous, Messieurs, vous êtes la foule, la foule des amis qu'il aimait.

Merci aux pauvres qui ont répondu à son appel, car ce sont les pauvres seuls qu'il a convoqués, parce qu'il les avait en particulière affection.

La foule s'est retirée tout émue.

Dans l'après-midi, MM. Vasse, de Warenghien, Raymond Vasse, le docteur Levasseur, l'abbé Regnault, le baron Piérard et Louis Desgenétais, ont conduit la dépouille mortelle de notre regretté

Brianchon à Nesle-Hodeng, où il avait exprimé le désir d'être inhumé et où il avait pris soin de faire préparer lui-même son tombeau.

Ses obsèques ont eu lieu le lendemain.

Une voiture, couverte de draps blancs, était à la gare de Nesle pour recevoir et transporter le cercueil à l'église, où il a passé la nuit.

Le funèbre cortège, précédé de deux prêtres, venus pour recevoir la dépouille mortelle de notre ami, suivant lentement le chemin qui relie la gare de Nesle à la commune, présentait un tableau à la fois sévère, simple et imposant, surtout quand les rayons de la lune, traversant les nuages, venaient l'éclairer de leur lumière blafarde.

La messe a été dite par M. l'abbé Regnault, curé de Gruchet-le-Valasse, qui avait tenu à accompagner son ami jusqu'à sa dernière demeure terrestre.

Après la cérémonie religieuse, M. le baron Piérard a adressé un suprême adieu à notre bien sincère et bien regretté Brianchon, et remercié les autorités locales, qui étaient spontanément venues se grouper autour du cercueil.

Nous n'avons rien à ajouter au concert d'éloges

mérités adressés à ce vénérable homme de bien ; mais nous ne pouvons résister à la tentation de relater ici quelques détails touchants qui nous ont été communiqués à la suite de ses obsèques.

Pendant la courte et cruelle maladie qui nous a ravi ce bon et sincère ami, nous avions vu, avec stupeur, sa belle intelligence s'obscurcir ; mais comme chrétien, nous avions au moins une consolation.

Le malade avait senti la menace de ce trouble suprême, et avant qu'il ne fût complet, il avait, encore dans la plénitude de sa raison, réclamé le secours de la religion. Il avait pu se confesser et recevoir l'absolution.

En récompense de cette foi qui ne l'avait jamais quitté, Dieu lui réservait une dernière grâce.

La veille de sa mort, alors que ses médecins et ses amis, qu'il ne reconnaissait plus, regardaient venir l'agonie, son œil mourant s'illumina soudain. Contre toute espérance, le délire cessa et le prêtre qui l'avait assisté (son dernier et son plus précieux ami,) put lui donner, en pleine connaissance, l'extrême-onction et le viatique.

Laissé à lui-même, après les dernières exhortations, on l'entendit prononcer distinctement ces paroles du psaume : « *In te, Domine, speravi; non confundar in æternum* » et quelques temps après, il balbutait de sa voix mourante ces trois mots : « Religion... Justice... Liberté. »

C'était le résumé de toute sa vie. Oui, la liberté, la vraie, la grande liberté, il l'aima jusqu'à la passion « *Liberté pour tous* » c'était sa formule favorite. Il la réclamait sans cesse, il la voulait complète. Mais il savait la distinguer de cette liberté menteuse, qu'on acclame trop de nos jours; licence effrénée pour le mal, entrave et proscription pour le bien. Cette liberté partielle et partiale, il la détestait.

Dans l'excès de son enthousiasme, peut être l'entendit-on quelquefois demander la liberté même de l'erreur, c'était une des illusions de son cœur toujours jeune et sincère. Il ne pouvait croire à la mauvaise foi.

L'amour passionné qu'il avait pour le vrai, le beau et le bien ne lui permettait pas de supposer que la *vérité libre* ne puisse un jour triompher de *l'erreur, même volontaire.* »

Mais, dans la pratique, il sut s'arrêter à temps sur cette pente dangereuse, et dans sa vie, comme dans sa dernière aspiration, il sut toujours mettre avant cette liberté qu'il aimait tant, ses deux correctifs indispensables : La *Religion,* qui doit la guider et la *Justice*, qui lui sert de limite.

(Extrait du *Journal de Bolbec*, du 21 mars 1886.)

JEAN-FRANÇOIS BRIANCHON

Avant-hier, la commune de Gruchet-le-Valasse, près Bolbec, était en deuil.

Dans sa petite église du XVIe siècle, une foule émue et recueillie assistait au service funèbre d'un homme de bien, d'un des savants les plus estimables du département de la Seine-Inférieure : Jean-François Brianchon, décédé lundi dernier, 15 mars, dans ce village qu'il habitait depuis près de cinquante ans.

Né à Nesle-Hodeng, canton de Neufchâtel-en-Bray, le 22 juin 1815, M. Brianchon avait fait de sérieuses études au séminaire de Rouen, où il n'avait pas tardé à gagner l'estime de ses professeurs et l'amitié de ses condisciples.

Ses goûts littéraires se manifestèrent de bonne heure. Très-observateur, très-artiste, M. Brianchon était devenu un écrivain plein de finesse et d'érudition.

En 1859, il commençait la publication du *Bulletin d'Etretat*, qu'il continua pendant quatre années, et dont la collection est encore aujourd'hui très-recherchée pour les articles pleins d'intérêt qu'elle renferme. Entr'autres travaux, il publia dans ce recueil la traduction — avec notes et commentaires — des passages d'un livre de Jacob Venedey, (1) ayant trait à Yport et à Etretat. Ces extraits ont été tirés à part, en un petit volume in-16 de 88 pages.

De 1864 à 1870, sa collaboration à la *Revue de la Normandie* a été très-active.

Reçu dans la Société Havraise d'Etudes diverses en 1867, à titre de membre correspondant, il donna dans le *Recueil des Publications* de cette même année, une notice toute d'érudition sur la *Reconnaissance du Tombeau de Guillaume*

---

(1). *Reise und rastagge in der Normandie.* (Voyage et séjour en Normandie). Leipsick 1838, 2 vol. in-12.

Malet, avec des ***Notes sur la famille Malet de Graville.***

Cette Société lui doit encore un fort précieux travail sur la ***Jeunesse de Cuvier***, malheureusement resté inachevé.

Enfin, après la mort de l'abbé Cochet, dont il avait été l'ami fidèle et dévoué et le disciple ardent, il consacra à ce maître à jamais regretté, deux remarquables notices : ***L'abbé Cochet, sa mort, son inhumation, son monument.*** (In-8° de 51 p., avec grav., Rouen. Cagniard. 1875). ***L'abbé Cochet, ecclésiologue et antiquaire chrétien.*** (In-8° de 36 p. avec portrait, Dieppe, D. Leprêtre, 1877), et plus tard, après le succès de la souscription et l'érection du tombeau au Cimetière Monumental, un important volume : ***Le monument de l'abbé Cochet***, tombeau, buste, médaille, Mémorial de la souscription. (In-8° de 144 p. avec 3 pl., Rouen, E. Augé, 1879.

Il travaillait pour la Commission des Antiquités avec un zèle qui ne s'est jamais démenti. Cette nature d'élite savait apporter toute sa finesse d'observation et toute sa délicatesse de sentiments, même dans les questions les plus ardues de cette science de l'antiquité, qui avait toute sa prédilection. Aussi ses nombreuses communications à la Commission (1) sont-elles lues non-seulement avec intérêt, mais avec plaisir.

Si maintenant nous laissons de côté le savant pour étudier Brianchon à un point de vue plus humain, nous reconnaîtrons que les qualités du cœur, étaient, chez lui — s'il est possible — encore supérieures à celles de l'esprit. Religieux sans affectation, tolérant sans faiblesse, conciliant en toutes choses sans s'écarter jamais de la rectitude absolue, cet homme juste et bienfaisant commandait l'affection et était, lui, un incomparable ami.

Aussi, les obsèques de ce vertueux citoyen présentaient-elles ce caractère particulier que, dans tous les assistants, on n'eût pas trouvé un indifférent.

La cérémonie a été à la fois simple, imposante et digne. Après la levée du corps, qui a eu lieu lieu à neuf heures et demie au château de M. Vasse, le cortège s'est dirigé vers l'église de Gruchet. Au clergé de la paroisse s'étaient joints

---

(1) Celles des années 1878, 1880 et 1881 ont été réunies en trois jolies brochures, dont nous avons rendu compte dans ce journal à l'époque de leur publication.

quelques prêtres de Lillebonne, de Bolbec et d'autres communes voisines.

Le cercueil, porté à bras par les membres de la Confrérie et de la Société de Secours Mutuels de Saint-Thomas-de-Cantorbéry, dont notre vénérable ami avait été un des fondateurs et le premier président, était recouvert du drap mortuaire de la société, que lui-même avait fait faire dans le style du XIIIe siècle.

Dans la nombreuse assistance, nous avons remarqué les familles Vasse et Desgenétais ; M. le baron Piérard, maire de Gruchet ; M. Laboulaye, de Versailles ; M. le baron Elie-Lefebvre ; M. de Warenghien ; M. de Beaurepaire, archiviste de la Seine-Inférieure ; M. Gustave Gouellain, de Rouen, le distingué céramiste ; M. J. Courtier, directeur du *Journal de Bolbec ;* MM. les doyens de Bolbec, de Lillebonne et de Caudebec-en-Caux ; M. l'abbé Sommesnil, l'historien du Valasse ; M. E. Letellier, délégué de la Société Havraise d'Etudes Diverses ; M. Léon Braquehais, bibliothécaire-adjoint de la ville du Havre, membres de la Société Française d'Archéologie, un grand nombre d'autres amis dont nous regrettons de ne pas connaître les noms, enfin, la population de Gruchet presque tout entière, hommes, femmes, enfants.

Les sapeurs-pompiers, sans armes, escortaient le cortège.

Après la messe, qui a été dite par M. le curé de Gruchet, le cercueil a été conduit à la gare pour être transporté à Nesle-Hodeng, où le défunt, selon le désir qu'il a exprimé, sera inhumé près de ses parents.

Là, près du fourgon qui allait transporter la dépouille mortelle, et qui avait été entouré de feuillages, après la dernière bénédiction, quatre discours ont été prononcés.

M. le baron Piérard, maire de Gruchet, a pris le premier la parole et a rappelé, avec une profonde émotion, tous les services rendus par le défunt à la commune de Gruchet ; il a rendu hommage à l'entière abnégation, à l'absolu dévouement, à la modestie sans limites de notre regretté ami. Cette parole sympathique a vivement touché les auditeurs.

M. de Beaurepaire, au nom de l'Académie de Rouen et de la Commission départementale des Antiquités, a parlé du savant éminent, de l'archéologue distingué, du littérateur consciencieux dont la perte sera vivement sentie par les Sociétés savantes au service desquelles il se dévouait corps et âme.

M. Laboulaye, fils du savant et regretté Edouard Laboulaye, a pris ensuite la parole et dans un admirable discours, il a peint la vie intime du *bon M. Brianchon*, son dévouement pour tous, cet oubli constant de lui-même, ce cœur chaud, généreux, enthousiaste du bien... il a rappelé les liens qui unissaient M. Brianchon à son illustre père ; il a rappelé combien lui-même devait à ce digne vieillard et combien lui devaient tous ceux qui l'avaient connu. L'émotion des assistants était la sanction la plus forte que put recevoir le discours si touchant de M. Laboulaye.

Enfin, M. le docteur Levasseur, exécuteur testamentaire, a remercié en termes fort choisis, tous les assistants qui se sont retirés très-impressionnés et qui garderont longtemps le souvenir, et de l'homme remarquable que nous venons de perdre, et du dernier et sincère hommage qui lui a été rendu.

Ernest Dumont.

Extrait du *Journal de l'Arrondissement du Havre*, du 20 mars 1886.

M. Brianchon est mort lundi dernier à Gruchet-le-Valasse, dans les sentiments de foi et de piété qui ont fait l'honneur de sa vie. Archéologue distingué, il a rendu à notre pays de véritables services. Nul n'était plus que lui attentif et dévoué à la conservation de nos monuments historiques, à la découverte des antiquités locales, aux progrès de l'art et de l'histoire de notre contrée. Ami fidèle de l'abbé Cochet, il avait partagé ses études et s'était fait souvent le modeste mais utile auxiliaire de ses savantes publications.

La Commission départementale des Antiquités, dont M. Brianchon était le secrétaire-adjoint, a reçu de lui de nombreuses communications qui attestent sa connaissance approfondie de l'archéologie et son zèle infatigable; elle lui doit la rédaction d'un bon nombre de ses procès-verbaux si fidèles, si pleins, si instructifs, et dont le mérite a été reconnu bien des fois par les meilleurs juges.

L'Académie de Rouen avait voulu témoigner récemment de sa haute estime pour M. Brianchon en le nommant membre correspondant. Cette joie fut sa dernière en ce monde.

Sa carrière d'archéologue avait été d'ailleurs bien remplie. Les nombreux écrits sortis de sa plume pendant trente ans et consacrés aux hommes et aux choses de notre pays sont connus de tous les érudits. Ce qui ne l'était pas moins, c'était la bonté, la grâce, la générosité de son âme. M. Brianchon a été excellemment un homme de bien, un ferme et digne chrétien. Tout ce qu'un homme peut dépenser de dévouement et d'influence au service du prochain, il l'a fait. Il y aurait une touchante histoire à écrire, si l'on voulait raconter la vie de M. Brianchon à Gruchet-le-Valasse, au milieu d'une population qu'il aimait et à laquelle il a prodigué tous les trésors de son esprit et de son cœur. La reconnaissance publique ne lui a pas fait défaut, et ses funérailles en ont été la belle et consolante manifestation.

Nous voulons retenir surtout ici les exemples de foi donnés par M. Brianchon à toutes les époques de sa vie, mais surtout dans la suprême épreuve par où se jugent les hommes. Il a reçu avec les plus vives démonstrations de piété les sacrements, heureux de consacrer à Notre-Seigneur Jésus-Christ les derniers battements de son cœur qui fut si bon, si aimant, si désintéressé.

Nous nous bornons ici à cet hommage ; d'autres rappelleront la vie et les œuvres de cet homme excellent qui mérite une place de choix dans le souvenir de ses amis, et dans nos annales normandes.

Extrait de la *Semaine Religieuse*, du 20 mars 1886.

www.ingramcontent.com/pod-product-compliance
Ingram Content Group UK Ltd.
Pitfield, Milton Keynes, MK11 3LW, UK
UKHW022002260726
13994UKWH00004B/1915